D

Le Génie des Parisiennes

Postface de
Jérôme Vérain

Couverture de
Olivier Fontvieille

ÉDITIONS MILLE ET UNE NUITS

THÉODORE DE BANVILLE
n° 404

Texte intégral

La présente anthologie reprend huit textes (correspondant aux numéros I, II, VII, VIII, X, XIX, XXII et XXIV) tirés des *Contes pour les femmes* (1881).

Photographie page 70 :
Théodore de Banville - © Hachette Livre - Photothèque

Notre adresse Internet : www.1001nuits.com

ISBN : 2-84205-709-0

Sommaire

THÉODORE DE BANVILLE

Le Génie des Parisiennes

[illegible]

[illegible] l'expérience. Pourtant [illegible] que [illegible] en passant par une [illegible] de comprendre [illegible] et seulement des œuvres [illegible]

Le Génie des Parisiennes

Paris est la ville artiste et poète par excellence ; mais les plus grands artistes et les plus grands poètes de Paris, ce sont les Parisiennes. Pourquoi ? Parce que, tandis que ses peintres, ses rimeurs et ses statuaires, en évoquant l'âme du passé ou en saisissant par une prodigieuse puissance de compréhension l'esprit de la vie moderne, produisent seulement des œuvres idéales et fictives, les Parisiennes imaginent, achèvent, complètent à chaque instant une œuvre réelle et vivante, car elles se créent elles-mêmes.

Et c'est un mot qu'il faut prendre au pied de la lettre ! Car de même que la nature avait borné son effort à inventer l'églantine, et que de l'églantine le seul génie de l'homme a fait cette fleur splendide, farouche, enivrante, délicieuse, qui se nomme la Rose, de même les hasards de l'histoire et de la vie sociale n'avaient abouti qu'à nous donner des femmes nées à Paris ou habitant Paris : mais de ces êtres quelconques, la Parisienne se recréant, se modelant, se façonnant elle-même d'après un merveilleux idéal de beauté, de grâce, d'élégance et de jeunesse, a fait cette créature inimitable, épique, savante comme un dieu, et en apparence ingénue comme un enfant : la Parisienne !

Les Parisiennes font d'elles-mêmes ce qu'elles doivent et veulent être, et d'abord, avant tout, elles transforment leur corps et leur beauté, non par le *maquillage* et les artifices (car ce serait une manière trop simple d'expliquer des chefs-d'œuvre !) mais par la constante action d'un génie créateur. Le corps et aussi l'âme qu'elles ont reçus en naissant sont pour elles de simples matériaux qu'elles mettent en œuvre. Le corps, elles le rendent beau par une gymnastique multiple et diverse, et surtout par le désir obstiné de la beauté. L'âme, elles la perfectionnent et pour ainsi dire la font éclore par une intuition absolue de tout, par le don inné et cultivé sans cesse de la synthèse, et par un amour de l'ordre et du rythme qui produit toutes les grâces, et même la vertu ! Elles achèvent, coordonnent, proportionnent l'ouvrage rudimentaire, et dans l'étonnant miracle de leur éclosion spirituelle et physique, elles sont à la fois le statuaire et le bloc de marbre.

Leur principal caractère est l'inspiration. Ainsi au théâtre, à une première représentation, leurs toilettes sont ce qu'il faut qu'elles soient pour la circonstance fortuite qui se produit, et qui ne pouvait être prévue. Par exemple, si un prince, sans s'être fait annoncer à l'avance, assiste à la représentation, les toilettes des Parisiennes (poèmes toujours inouïs d'invention et de mélodie, car ainsi que dans une peinture de Delacroix, il y a été tenu compte même des reflets de reflets !) sont précisément ce qu'elles doivent être dans une salle où il y a un prince ! Ceci évidemment affirme l'existence d'un magnétisme par lequel les idées se communiquent en dépit des obstacles de temps et de lieu, indépendamment de leur forme, et pour ainsi dire, s'aspirent, se respirent comme l'air.

Les Parisiennes traduisent en modes les idées générales ! Ainsi elles avaient exprimé ce qu'il y eut de rassérénant et de familial dans le bourgeoisisme de Louis-Philippe, par des bandeaux plats d'une netteté et d'une propreté qui charmaient le regard en faisant par derrière, avec les cheveux, un simple huit, coiffure dont on retrouve la parfaite image dans les lithographies de Devéria, dans les statuettes de Barre, et dans la collection longtemps exposée au passage Vivienne, pour laquelle le modeleur italien Flosi avait moulé les bustes de mademoiselle Plessy, de Déjazet, de madame Doche, des sœurs Essler.

Sous l'Empire, au contraire, lorsque l'expansion de l'or et la fièvre de combinaisons financières eurent produit une vie d'éblouissement et de fantaisie, les Parisiennes encore se mirent à l'unisson de cette renaissance exaltée, en adoptant pour coiffure des frisons, des fouillis de boucles et de tresses plus compliqués et touffus que ceux dont se couronnait le front des Dianes du seizième siècle, et de fabuleux chignons qui, en somme, avaient une grande tournure. Mais comme il est dans leur destinée d'être essentiellement égarantes, décourageantes pour les femmes étrangères, dès que par leur exemple elles eurent décidé les femmes des Amériques et des plus lointaines Australies à s'accrocher dans le dos de lourds faux chignons, si bien que dans tout l'univers les femmes chauves se crurent décidément en sûreté, les Parisiennes se mirent à relever leurs cheveux par derrière, à en montrer les racines. Et que firent celles qui n'en avaient pas ? Elles en eurent. Puisqu'il le fallait !

Prendre à l'Antiquité, à l'Orient, à tous les temps ce qui a fait leur élégance particulière, et, sans le détruire, le réduire à la formule parisienne, telle est la constante occupation de ces grandes artistes. À quoi croyez-vous que pensait mademoiselle Rachel, lorsque chantant devant le public la plus belle musique du monde, je veux dire la poésie de Corneille et de Racine, elle ressuscitait Hermione, Phèdre, Camille, Chimène, Roxane, Monime ? À traduire l'impression que donnent chez le poète ces idéales figures ? Oui, sans doute, mais accessoirement, car elle s'occupait bien plutôt de les dévaliser, de prendre à chacune d'elles ce qui fait sa grâce spéciale. Et si elle fut grecque, romaine, espagnole, orientale en jouant ces grands rôles, elle le fut mille fois plus en Parisienne se promenant à pied sur le boulevard, car le type le plus accompli de beauté suprême qu'il ait jamais été donné à personne de voir, c'est mademoiselle Rachel portant un châle de l'Inde, car elle portait la pourpre des Dieux, et elle réalisait alors un chef-d'œuvre d'harmonie et de proportion supérieur à la Polymnie !

Je parle d'elle à dessein, car statuaire modelant sa propre chair et les lignes de son visage, elle le fut plus que toutes les autres Parisiennes réunies. Un visage maigre avec un grand front bombé, des yeux d'ombre enfoncés, une bouche rentrée, un grand menton pointu, un corps osseux et des bras maigres, voilà ce qu'elle avait reçu de la nature ; à force de génie, de volonté, de passion, d'amour et d'or dépensé à de belles choses, ce qui est la grande alchimie, de toute cette attirante laideur de petite guitariste des rues, elle avait fait la Rachel qu'on a connue, une femme de Corinthe ou de Syracuse, ayant en plus le geste moelleux des Coysevox, l'intensité d'un Gavarni, une lèvre que cherche la lumière et dans ses sombres yeux la subtile flamme de l'esprit !

Quel âge a une Parisienne ? Question grave à laquelle il faut tout de suite répondre très nettement. La première magie, le premier prodige, le premier devoir d'une Parisienne, c'est de supprimer l'âge et tout ce qui y ressemble. Car la nature, songeant surtout à la reproduction de la race, n'a donné à la femme que cinq années de beauté et de vraie jeunesse ; mais la Parisienne a créé pour elle-même une jeunesse absolument voulue, qui dure trente ans, et il faut ce temps-là au moins pour arriver à compléter et à finir l'être étonnant et charmant qu'elle est. Et j'insiste là-dessus que cette magie consiste non à peindre, à dissimuler les rides, à remplacer les cheveux tombés, les chairs flétries, mais à n'avoir rien de tout cela. La véritable Parisienne, et c'est ce qui fait sa force, ne connaît ni le marchand de cheveux, ni le dentiste, ni le parfumeur, et se lave avec de l'eau pure, comme une religieuse.

Si vous voulez savoir comment agira une Parisienne dans une circonstance donnée, prenez le contre-pied du lieu commun généralement admis, et vous le saurez exactement. Soyez assuré qu'elle fera toujours le contraire de ce qu'indiquent le vulgaire poncif d'élégance ou d'esprit, et la fausse sentimentalité de romance. Ainsi : excellente écuyère, cela va sans dire, elle ne sera pas une amazone tumultueuse, ne s'élancera pas du haut des rochers et ne franchira pas de torrents, pour ne pas ressembler à une héroïne de *keepsake*. Elle ne sera jamais malade ! On ne la verra qu'aux heures où elle veut être vue, toujours en scène et toujours naturelle. Elle ne servira chez elle, à ses invités, ni faux turbot, ni faux vin de Madère, ne fera pas de tirades, et non seulement elle évitera toutes les plaisanteries banales (contre la poésie, l'Académie, les maris trompés, etc.), mais elle ne prononcera jamais un *mot* qui puisse servir de trait dans un vaudeville ou à la fin d'une nouvelle à la main. En amour elle sera correcte, et jamais, quoi qu'il arrive, ne fera rien qui, de près ou de loin, puisse ressembler à une situation de roman : aussi, l'homme véritablement aimé d'une Parisienne est-il plus qu'un dieu !

Jamais étonnée, et comprenant tout, sans jamais demander aucune explication, même si on prononce devant elle un mot de la langue sanscrite, en revanche elle aimera mille fois mieux mourir dans les tourments que de prononcer jamais un mot technique, ou appartenant à un argot spécial de métier ; car garder l'admirable langue vulgaire et la défendre contre les marchands de nouveautés, les savants, les médecins et les cuisiniers, est encore un des plus grands problèmes que résolve et défie, à chaque minute, l'inépuisable génie des Parisiennes.

Accompagner une femme

Que ce soit à titre de mari, de frère ou d'ami, ce qui ne fait rien à l'affaire, l'homme choisi par une femme pour l'accompagner dans Paris pendant quelques heures accomplit la plus glorieuse, la plus périlleuse et la plus difficile de toutes les missions, qui demande tout, génie, idéal, fantaisie, et une expérience profonde de la vie et de toutes les vies, en pleine jeunesse ! Car l'homme qui accompagne une femme doit être jeune, et il est jeune.

Pourquoi ? Par la nature même des choses. Parce qu'il doit non seulement pouvoir la défendre, mais représenter plastiquement celui qui peut la défendre, – afin d'anéantir par le seul fait de sa présence toute tentative de manque de respect, lors même qu'elle essaierait seulement de se manifester par une imperceptible nuance. Il faut aussi qu'il soit beau, parce que la femme qui sort, et dont la sortie doit être un triomphe, a le droit d'être enviée à tous les points de vue, et notamment pour la beauté de son cavalier ;

mais cette beauté sera de telle nature, absolument distinguée, loyale et honnête, que la femme qui sort ne pourra pas être accusée, même par le plus vil des calomniateurs, d'avoir choisi son compagnon *uniquement* à cause de sa beauté.

Venons à la question d'argent, dont en toute occasion il faut se débarrasser tout de suite ! Que la sortie doive se prolonger pendant plusieurs heures ou pendant cinq minutes, l'homme qui accompagne une femme aura à sa disposition, et dans sa poche ! tous les trésors de Rothschild, car il serait un fat si sa compagne lui demandait la lune, par exemple, et s'il ne la lui donnait pas immédiatement et sans répliquer. Il devra avoir dans sa poche, pour éviter toute attente, fût-elle d'un cent millième de seconde, des *banknotes*, des monnaies d'or et d'argent, des piécettes et des sous de tous les pays, et même de tous les temps, car il pourrait arriver que la femme accompagnée eût le caprice d'acheter quelque chose dans un magasin espagnol ou dans un magasin légitimiste, et de payer la marchandise achetée avec des monnaies espagnoles ou avec des louis à l'effigie de Louis XVI. Est-il utile de dire que le cavalier sait régler tout et payer les notes les plus compliquées sans que la femme en voie rien et soit offensée de ces vilenies ? Elle verra seulement dans l'œil du cavalier, non à un signe ! mais à une certaine expression assurée et tranquille, que les choses d'argent ont reçu leur solution.

S'il arrive un accident quelconque à la toilette de la femme accompagnée, son cavalier devra toujours, à ce moment-là même, se trouver par hasard en face du magasin où l'accident peut être réparé, et sans qu'elle lui ait rien dit à ce sujet, il connaîtra la pointure des gants de la femme qu'il accompagne, et il aura deviné toutes ses habitudes, par une inspiration de poète. Depuis le chef de l'État jusqu'au dernier des ramasseurs de bouts de cigare, le cavalier doit connaître expressément tout le monde, jusqu'à l'amitié la plus étroite, car si la femme accompagnée désire inopinément voir des courses, une revue, une séance de la Chambre, toutes les tribunes réservées, tous les arcanes, tous les saints des saints doivent s'ouvrir devant elle.

Ce cavalier doit commander aux éléments ! Et, en effet, quelle figure ferait-il si le temps, fraîcheur, brume ou soleil, n'était pas parfaitement harmonisé à la toilette et à l'air du visage de la femme qu'il accompagne ? Si elle a voulu sortir à pied, et si un caprice quelconque la fait changer d'avis, il est trop élémentaire de noter ici que son cavalier doit trouver, à point nommé et à l'instant même, tous les moyens de locomotion, bateaux à vapeur, chemin de fer partant sans retard, et toutes les voitures possibles, fût-ce même par une pluie battante, et sans que sa compagne ait besoin de faire deux pas, sans quoi il mériterait d'être envoyé en exil dans les provinces les plus reculées. Il y a même une question brûlante, délicate, affreuse, mais l'historien digne de ce nom n'esquive rien. S'il devient possible que la femme accompagnée ait le désir de rester seule pendant quelques instants, son cavalier doit le deviner sur son impénétrable visage de déesse, et il doit la quitter où il faut, et trouver pour la quitter un motif inventé avec génie, sans pourtant le rendre ridicule ! puisque le moindre ridicule qu'il subirait affaiblirait le triomphe de la femme accompagnée.

Il se peut qu'elle veuille faire à son compagnon l'honneur de manger avec lui dans un cabaret, et c'est alors qu'il doit déployer une imagination pareille à celles de Talleyrand et de Scapin ! Car les vieux Parisiens le savent, le Café Anglais, Riche, Brébant, la Maison d'Or, le Rocher de Cancale même et le Café de Paris lorsqu'ils existaient, ont très bien accommodé certains plats, mais ceux-là seulement. Ainsi ce n'est qu'au Café de Paris et non ailleurs, qu'on trouvait le fameux *Poulet à la paysanne*, ce hochepot grossier et délicieux dont Nestor Roqueplan faisait tant de cas ; mais en revanche, on y aurait en vain demandé la timbale de crevettes à la sauce d'écrevisses ! Aussi le cavalier doit-il deviner dans quelle disposition d'esprit et d'âme sa compagne *sera* dans une demi-heure, par conséquent, ce qu'elle désirera alors manger, et lui *inspirer* le désir d'aller chez le cuisinier qui fait ce plat-là, précisément. Non seulement il doit être connu personnellement de tous les garçons qui servent dans les restaurants parisiens, mais pour le cas improbable où le hasard le mettrait en face d'un garçon dont il ne serait pas connu, il doit avoir dans la prunelle cet *air de Parisien prodigue* qui fait que le garçon, dans le temps où les pêches coûtent trois francs la pièce, en apporte sur l'assiette de dessert, non pas trois ou quatre, mais six ou huit, et des plus insolemment belles, de celles qu'on ne mange pas et qu'on garde pour servir de modèle à Vollon et à Philippe Rousseau !

Faut-il dire – non, en vérité, ceci est par trop simple et enfantin – que même à cent mille lieues de Boissier et de Seugnot, le cavalier doit pouvoir se procurer à l'instant même tous les genres possibles de bonbons ? Non, passons à des choses plus sérieuses. Toute femme, y compris la plus pure et la plus immatérielle de toutes, aime à *s'amuser* comme un enfant, et est curieuse, surtout particulièrement curieuse des histoires gaiement et étrangement amoureuses. Aussi le cavalier doit-il être prêt à raconter toutes les étranges histoires d'amour, et salées et gauloises, qui sont arrivées depuis le commencement du monde, et même celles qui ne sont pas arrivées. Il doit les raconter sans phrases, avec un style assez prodigieusement habile pour avoir l'air de ressembler à un roman brutal, mal fait, et sans gazer, sans atténuer rien ; mais, ceci est le point capital, en donnant à la femme qui l'écoute cette impression, qu'il la respecte profondément et – non pas la croit, mais la sait – absolument vertueuse.

Une femme peut avoir aussi des curiosités innocentes, qui ne riment à rien, et consulter son cavalier comme on consulte le dictionnaire de Bouillet, ou une encyclopédie. Dans ce cas-là, le seul parti qu'il ait à prendre, c'est de savoir, comme Michelet, toutes les histoires et toutes les géographies ! Il ne doit pas hésiter ni être étonné si sa compagne lui demande à quelles époques de l'année le collier de la reine javanaise Toumanourong, mère de Toumasalingabéring, changeait de nuances et devenait pesant et léger tour à tour ; il doit savoir où sont situés le village Temba et le district de Zungomero, dans quelle partie de l'Afrique habitent les Wanyamwezei, et ce que c'est que la quadrature de la Lunule, et comment se manœuvraient les machines de guerre appelées le trabuch et l'espringale, et pourquoi chez les Tamouls Ganeça est appelé Poulear, et pourquoi M. Saint-Marc Girardin en son temps portait de si longues redingotes, et pourquoi les lettres peintes imitant l'écriture anglaise, après avoir disparu de toutes les autres enseignes, se sont perpétuées seulement sur les enseignes des marchandes de modes ! Naturellement, sur toutes ces questions et sur d'autres, il doit répondre exactement, avec assurance, mais en homme du monde, et sans pédantisme.

Si la femme accompagnée a eu le caprice d'entrer dans un théâtre où, quoiqu'il soit plein jusqu'aux combles, son cavalier a comme sans mot dire et immédiatement trouvé vides l'avant-scène, la baignoire ou toute autre place qu'elle désirait occuper, il doit être prêt à lui raconter les pièces, les biographies de comédiens, toute la légende dramatique ancienne et moderne ; mais tout ce qu'il lui raconte doit être tourné et façonné de façon à se rapporter à elle, à n'avoir qu'elle-même pour objet, à devenir sous les formes les plus délicates et les plus voilées un hymne à sa louange, car la Femme (comme, d'ailleurs, toute la race humaine) ne s'intéresse qu'à ce qui la concerne personnellement, et pour tout dire en un mot, à elle-même ! Au théâtre, le cavalier est responsable de tout, des infirmités de la pièce qui se joue, du manque de talent des acteurs, de la maigreur des comédiennes, et c'est à lui d'expliquer, d'excuser et de palier tout cela avec un esprit infernal, mais habilement dissimulé, car un homme bien élevé ne doit pas avoir l'air spirituel !

Bien entendu, je tente de donner seulement ici les règles initiales, car à combien de difficultés imprévues ne doivent pas faire face l'initiative et la faculté d'intuition de l'homme qui accompagne une femme ! Il lui faut la hardiesse d'un conquérant, l'invention d'un poète, la rouerie d'un valet, l'agilité d'un comédien, le sang-froid d'un général d'armée, la souplesse d'esprit d'un diplomate, une effronterie de courtisane, la distinction innée, une science encyclopédique, une mémoire de créancier, une santé de fer, l'instinct de toutes les choses idéales, et il doit veiller sans cesse à ce que sa compagne n'oublie ni sur les chaises des restaurants, ni sur les coussins des voitures, des mouchoirs sur lesquels sont brodés des chiffres ou des armoiries.

Accompagnée par un très parfait gentleman, une marquise authentique eut subitement l'idée folle (mais légitime, elles le sont toutes !) de voir un de ces bals de barrière où de terribles filles aux bras d'athlètes, avec leurs amants en blouse, boivent des saladiers de vin bleu. Et bien ! son cavalier dut à l'instant même trouver dans le quartier où ils étaient alors le local et les vêtements nécessaires au déguisement de la grande dame et au sien propre. Puis, ayant conduit sa compagne au bal qu'elle désirait voir, il dut, pour la faire respecter, subir dans une allée un duel au couteau, et revenir près d'elle sans qu'une goutte de sang eût taché ses habits, et sans que la dame eût presque remarqué son absence.

Je me résume par un axiome qu'il faut méditer. L'homme qui accompagne une dame, s'il a été jadis son ami de cœur, doit oublier qu'il l'a été. Si, au contraire, il devient plus tard son ami de cœur, il doit oublier toutes les circonstances et même la date du jour où il l'a accompagnée.

Sganarelle

À cette noce de bons bourgeois, fabricants de fleurs pour l'exportation et fabricants de papiers peints, Bixiou, dont *Le Charivari* commençait à refuser les dessins, comme trop lâchés, et qui, depuis huit jours, n'avait dévoré aucune proie, se sentait en train de faire des farces ; aussi accueillit-il avec la grâce la plus parfaite la question de M. Lestiboudois, le marchand de soie écrue.

« Alors, fit-il, c'est une véritable consultation que vous me demandez !

– Oui, dit Lestiboudois, pour un de mes amis.

– J'entends bien, reprit Bixiou. Vous voulez savoir si un honnête homme peut être sans ridicule ce que Molière, qui ne mâche pas ses mots, appelle…

– Précisément, dit Lestiboudois.

– Mon Dieu, fit négligemment l'artiste, en général, il vaut mieux ne pas l'être, et le moyen en est facile. Il suffit de choisir une bonne femme bien simple, robuste, chez qui le système nerveux ne prédomine pas, élevée au ménage, qui soit apte à faire un enfant tous les ans, et de se conduire en bon mari.

– Mais, objecta piteusement le marchand, si on l'a choisie autrement et, qu'il faille la garder, telle qu'elle est?...

– Je le vois, dit Bixiou, vous voulez que nous allions au fait, et vous n'êtes pas un homme qu'on peut contenter avec des calembredaines. Donc, pour entrer dans le cœur de la question, j'ai connu un mari qui a trouvé le moyen de supporter sans faire rire personne la chose dont il s'agit. Le marquis d'Esternay...

– Ah ! fit Lestiboudois, il était marquis !

– Il l'est encore, répondit Bixiou, mais depuis la Révolution, nous sommes tous égaux. Le marquis d'Esternay, beau comme tous ceux de sa race, avait été avant son mariage lieutenant de chasseurs d'Afrique. Au régiment, il était célèbre pour ses témérités héroïques à la Roland ; un jour, il s'était élancé tout seul contre un gros d'Arabes, et il était resté sur le champ de bataille, où on l'avait cru mort, frappé de deux balles et la tête fendue d'un coup de sabre. Il en était revenu, cependant, et c'était un garçon superbe, fin, bien découplé, de haute taille, magnifique à voir avec son visage brûlé aux traits hardis, aux profonds yeux bleus, auquel ses cheveux courts, épais et drus, et sa légère barbe noire donnaient le caractère le plus viril. C'est ainsi fait que d'Esternay, riche de deux millions, sans compter les espérances, épousa sans dot et par amour Mlle Marcelle Jacquelin, fille d'un employé des postes, dont le trousseau ne valait pas cent écus. D'ailleurs très jolie, mais ne sachant ni porter ni faire valoir sa beauté à la Watteau, dont elle n'avait pas la clef. Ajoutez à cela que d'Esternay n'a aucun talent d'agrément ! Habile comme un maître en équitation et en escrime, et savant comme un bénédictin dans toutes les sciences et dans tous les arts, mais simple comme un coutelier de Manchester, il est avec cela spirituel comme s'il en faisait son état ; il peut et très facilement écorcher son interlocuteur à la façon d'Apollon pelant le satyre Marsyas ; mais ce génie comique, il ne l'emploie jamais que pour la défense de ce martyr qui se trouve dans toute société et aux dépens duquel les faux braves (il y en a partout, même dans la conversation !) font de l'esprit à bon marché. D'ailleurs, il est idéalement bon sans faiblesse, se connaît en meubles et en tableaux, s'habille avec le plus suprême bon goût, et peut, sans ôter ses gants, rouler une cigarette irréprochable.

– Et avec tout cela, murmura Lestiboudois, sa femme l'a fait…

– Avec un pianiste, dit Bixiou, et au bout de six mois. Ce pianiste, qui passe dans ses cheveux une main imitée de celle de Liszt et porte des gilets à brandebourgs, composait des romances sans paroles et avec des paroles, auxquelles peu de femmes ont résisté. Tout Paris sut bientôt sa liaison avec la marquise d'Esternay, et personne ne l'ignora. D'Esternay seul s'obstina à ne connaître ni la liaison ni le pianiste, dont il ne s'inquiéta pas plus que d'une mouche se promenant sur un rideau de dentelles. Peut-être a-t-il caché dans son cœur et dans son cerveau des drames terribles, car il adorait sa femme, mais personne n'en a rien su, le marquis estimant que geindre ne sert à rien, et étant de ceux qui mettent en action la noble devise : « Aide-toi. » Seulement, il eut à la même époque trois duels consécutifs, dans lesquels il blessa effroyablement ses trois adversaires ; mais c'est ici qu'il faut admirer son élégance, il n'avait cherché aucun de ces duels et il les avait acceptés dans des conditions où tout galant homme eût fait comme lui. Une fois, son oncle maternel, le vieux général d'Ars, avait été insulté dans un journal ; une autre fois, un fat avait devant lui parlé plus que légèrement de la femme de son meilleur ami, le capitaine de Cardonne, naviguant alors dans les mers de l'Inde ; enfin d'Esternay s'était battu, pour la troisième fois, en voyage, avec un Russe qui, ne sachant pas qu'il avait été militaire, avait en sa présence, à table d'hôte, tenu les propos les plus outrageants pour l'armée. Ce hasard persistant vous peint tout entier notre homme, qui ne cherche pas le drame, mais qui est assez vigilant pour que les occasions de faire les choses qu'il est bon qu'il fasse ne lui manquent jamais. Il ne se fût pas donné le ridicule de se mettre en campagne avec préméditation pour arrêter les chevaux qui prennent le mors aux dents, à l'heure *fashionable*, dans l'avenue des Champs-Élysées, ou pour faire concurrence aux sauveteurs en retirant de l'eau les caissiers infidèles qui se noient le soir, au pont Notre-Dame ; mais ce ne fut pas sa faute assurément si, lors de son dernier séjour en Touraine, l'incendie dévora la ferme qui dépend de son château, car ce n'est pas lui qui avait mis le feu ! et si réussissant, là où les pompiers, intrépides pourtant, avaient trois fois battu en retraite, il put, marchant dans la fumée, sur les poutres devenues braises, sauver, les uns après les autres, la fermière, ses quatre petits et le fermier lui-même que, les uns après les autres, il descendit sur ses épaules le long d'une corde à nœuds, superbe, effrayant, joyeux, le visage et les cheveux brûlés, et admiré des paysans éperdus qui, à sa force indomptable, reconnaissaient en lui le seigneur. On a beau être modeste : par ce temps de petits journaux, d'Esternay ne put empêcher cette anecdote d'arriver à Paris, où, lorsqu'il y revint, elle était connue de tout le monde. Le pianiste sentit bien qu'il était perdu s'il ne parvenait pas à avoir un duel avec un homme qui légitimement s'était fait une telle réputation de bravoure ; aussi d'Esternay le rencontra-t-il sans cesse sur ses pas, mais sans jamais consentir à le voir, et même il ne permit pas au coin de ses lèvres de sourire quand le pianiste, qui était tombé au dernier degré d'humiliation, fut chassé honteusement…

– Certainement, fit Lestiboudois, la bravoure…

– … n'est qu'un côté de la question, interrompit Bixiou, mais d'Esternay avait trop de tact pour négliger l'autre ! Jusque-là homme d'intérieur, préférant à tout sa maison et ses livres, il avait vécu fort retiré ; mais chassé de chez lui par les turlutaines de sa femme, il commença à se montrer dans le monde et à l'Opéra ; le charme de sa beauté et de son incomparable élégance ne tarda pas à causer du bruit dans Landerneau. Il y avait alors une de ces meurtrières mille fois décrites par les romanciers, qui inspirent l'amour sans l'éprouver, se plaisent au désespoir de leurs victimes, et n'ont d'autre joie que de faire verser beaucoup de sang et beaucoup de larmes. Si au lieu d'être une princesse possédant des mines d'argent et de platine, belle comme un rêve, et avec sa grâce sauvage et enfantine ayant la majesté d'une reine, cette Hongroise, qui se nommait Sarolta-Batsanyi, eût été une Parisienne à cent mille francs le tas, elle aurait pu prendre pour sa devise la légende que Gavarni prête à une de ses diablesses : *C'est égal, celui qui me rendra rêveuse pourra se vanter d'être un fameux lapin !* Car personne, à ce qu'on ait pu savoir, n'avait jamais été assez favorisé pour toucher le bout de son gant. Mais elle éprouva pour d'Esternay une passion furieuse, le lui dit, et voulut se donner à lui violemment, brutalement, tout de suite. Un lieutenant aux chasseurs d'Afrique n'a pas le droit de faire le Joseph ; mais, après une courte liaison, pendant laquelle la princesse, à ce qu'elle raconte effrontément, connut le paradis ! il a repris possession de lui-même ; et, de ce jour, vaincue, idiote, abrutie

La Jalousie

La Jalousie a cela de particulier qu'on ne peut bâtir à propos d'elle aucune théorie et aucun système ; elle est, par sa nature, si fatale, si douloureusement légitime, qu'elle frappe ses victimes comme un coup de couteau ou comme la foudre, et conseiller à quelqu'un de ne pas être jaloux, c'est aussi puéril que de lui dire : « Vous auriez bien fait de ne pas passer dans la rue au moment où le vent décrochait une cheminée ! » L'être qui pourrait dompter sa jalousie se serait d'abord anéanti lui-même dans une stoïque indifférence ; quant à celui qui sent le renard lui manger le ventre, tout ce qu'il peut faire, c'est, comme le Spartiate, de retenir ses cris s'il en a le courage, ou s'il ne l'a pas, de hurler comme une bête blessée. La Jalousie est une Furie aux cheveux de serpents, qui agite une torche ou un couteau dans sa main sanglante ; mais cette Furie est l'inséparable compagne du cruel Amour qui ne va pas sans elle, et il la tient si étroitement embrassée, qu'on ne saurait tuer l'un d'eux sans tuer l'autre. Ainsi tout homme qui pense lui doit-il la vénération qu'on accorde aux Dieux terribles; et je n'en parle ici que par accident, pour montrer avec quelle habileté une vieille Parisienne peut arriver à savoir parler pour ne rien dire, et donner aux billevesées les plus folâtres une apparence de vérité mathématique.

Qui ne connaît la célèbre Rose Turpin ? Vieille, elle l'est, mais sans faux cheveux et sans rides ; le Temps l'a proprement jaunie comme un ivoire, et elle est coiffée en bandeaux nets et lisses, à la mode oubliée de 1830. Élevée sur les genoux des grands diplomates qui vivaient encore sous Louis-Philippe, elle a appris tout de suite à savoir, à négocier, à échanger les secrets politiques, dont elle s'est fait des fortunes ; elle a parcouru toutes les gammes de la passion, cueilli toutes les fleurs du mal ; elle est l'amie de tous les hommes illustres, car elle a été mêlée à tout ce qui s'est passé à Paris, à toutes les affaires d'argent, d'intrigues et d'amour. Maintenant elle est chaste ; elle sait tout, comme les Dieux ; elle trouve des voluptés indicibles dans les seules combinaisons de sa pensée, et elle reste immobile dans son fauteuil, sachant que nulle part elle ne pourrait rien voir qui fût étonnant pour elle. Il y a vingt ans, elle était d'une mauvaise santé, se soutenait d'un peu de lait et semblait près de mourir ; il est probable qu'aujourd'hui elle ne boit ni ne mange, et qu'elle persiste, par la silencieuse joie du pouvoir qu'elle a acquis en pénétrant les causes des événements et en s'habituant à lire dans les âmes. C'est cette femme devant laquelle un homme vénéré de tous, le vieux duc d'Essé, balbutiait comme un enfant pris en faute, tandis que Rose Turpin le grondait doucement et maternellement, avec une horrible tendresse.

« Non, mon ami, lui disait-elle, vous n'êtes pas venu parce que vous étiez inquiet de ma santé, ni pour m'offrir cet émail cloisonné, dont je ne me soucie pas plus que d'un bouquet de roses. Vous êtes venu parce que vous ne savez plus où donner de la tête, parce que vous croyez que j'y verrai clair où vous n'y voyez goutte, et parce que votre amour vous affole ! Il est vrai que Mariette est grande et robuste comme une reine des Amazones, et sa taille athlétique atténue un peu ce qu'il y a de ridiculement absurde pour vous à aimer une enfant ; mais elle n'[en] a pas moins seize ans, tandis que vous en avez soixante-dix ! Vous venez à moi, qui ai la science infuse et qui l'ai payée ce qu'elle vaut, pour savoir si vous êtes trompé ou si vous ne l'êtes pas.

– Hélas ! fit le duc, je ne suis pourtant pas un imbécile…

– Sur les autres points, non, dit Rose avec une commisération qui n'était pas jouée. Je pourrais vous répondre, mon vieil ami, que, vu votre âge, vous devez vous regarder comme trompé, nécessairement, ou agir comme si vous l'étiez. Je pourrais vous conseiller de fermer les yeux, de ne pas approfondir les mystères, et d'aller vous consoler, puisque nous sommes en hiver et qu'il gèle à pierre fendre, sous vos citronniers de Menton; mais ça serait vous payer en monnaie de singe, ou, qui pis est, en lieux communs, et par conséquent vous faire banqueroute! Quand j'étais votre maîtresse, il y a de cela une bonne trentaine d'années, si je vous demandais la lune, bien plus, un bijou connu, appartenant à une des princesses de l'Europe ou une invitation pour un bal où on ne recevait que des femmes honnêtes, vous ne me répondiez pas : "C'est impossible", ou : "C'est difficile", mais vous m'apportiez l'objet de mon désir sans plus faire d'embarras que s'il se fût agi d'une pomme d'api! Je dois aujourd'hui vous rendre la pareille. Vous voulez donc que je vous explique scientifiquement et avec une netteté arithmétique comment on doit s'y prendre pour savoir si l'on est trompé...

– Oui, fit le duc, et avec qui!

– Naturellement, dit Rose Turpin. Eh bien! cela n'est pas plus compliqué en somme qu'un problème d'Edgar Poe et, réduite à sa simple expression, toute cette science abstraite peut tenir en quelques mots. Premier principe : la femme est essentiellement comédienne, mime, imitatrice et simiesque, et ne fait rien que d'après un modèle choisi ou subi. Second principe : la femme ne pense jamais qu'à elle-même, ne parle jamais que d'elle-même, et elle est son seul objectif. Avec ces deux clefs vous ouvrirez tout; pour savoir le secret d'une femme, et plus elle se croit menteuse, mieux cela vaut, il n'y a qu'à l'écouter parler, et vous allez voir comment cela va être simple !

« L'homme avec qui votre maîtresse vous trompe est un homme de votre monde, et votre ami ; cet axiome, je crois, n'a plus besoin d'être démontré. Or, tout homme, sût-il par cœur le dictionnaire, a un mot auquel il obéit, par lequel il est hanté et dont il abuse ; c'est ainsi que, par exemple, Victor Hugo, dans ses poèmes, écrit le mot *farouche* bien plus souvent que les autres mots. Écoutez donc parler votre maîtresse sans vous inquiéter nullement du sens de ce qu'elle dit, et en notant seulement dans votre pensée le mot qui revient le plus fréquemment dans son discours. Ce mot une fois obtenu, cherchez dans votre souvenir quel est celui de vos amis qui prononce le plus souvent ce mot type, et il est plus que probable que vous saurez déjà à qui vous avez affaire. Mais complétez votre preuve en notant les autres mots qui sont le plus familiers au sujet que vous étudiez. Vous ne tarderez pas à découvrir que la femme et l'homme pour qui elle vous trompe emploient les mêmes mots, les mêmes adjectifs faisant description, les mêmes tropes, les mêmes tournures de phrases ; et, poussant plus loin cette observation, qu'ils font les mêmes grimaces et que leurs visages prennent les mêmes expressions, car l'inconstante amie s'est nécessairement modelée sur l'autre qui pour le moment est son idole. Cet ensemble de preuves par la linguistique suffirait à établir une conviction ; mais nous en avons d'autres qui sont meilleures. Passons au second point.

« La femme ne peut parler que d'elle, vous ai-je dit ; ajoutez que par un certain instinct de folle bravoure, elle éprouve le besoin, impérieux, invincible, irrésistible, de raconter toutes ses pensées et toutes ses actions à la personne à qui elle a le plus d'intérêt à les cacher. Donc, à ce point de vue encore, vous n'avez qu'à l'écouter, car elle vous racontera elle-même, sous une forme plus ou moins déguisée et compliquée, tout ce que vous voulez savoir d'elle. Si elle vous récite, comme l'ayant lue dans un livre d'histoire, une anecdote qu'elle vous dira être arrivée à la femme de Xerxès ou à une reine d'Assyrie, tenez pour certain que l'anecdote est arrivée non à la femme de Xerxès ou à une reine d'Assyrie, mais à la personne même qui vous parle. Si elle s'exprime en ces termes : “Il y avait l'été dernier à Trouville une dame anglaise qui...”, ou si elle débute par ces mots : “Figurez-vous qu'une de mes amies...”, sachez qu'il n'y a eu ni dame anglaise, ni amie, et faites le petit travail littéraire qui consiste à répéter mentalement le morceau que vous venez d'entendre, en subsistant le mot JE aux divers substantifs propres ou communs que la femme a employés comme sujets de ses phrases. Changez également la date de ses récits, en admettant *a priori* et invariablement que les faits qu'elle place avant le déluge ou au XIIe siècle, ou qu'elle fait remonter à dix années, se sont passés le matin même, et souvent cinq minutes avant le moment où elle vous parle.

« Si elle vous dit : "Comprenez-vous qu'on puisse avoir une pensée aussi étrange, ou aussi horrible, ou aussi dénaturée que celle-ci ?...", c'est, n'en doutez pas, sa propre pensée qu'elle va raconter, sans rien omettre ni atténuer, et très fidèlement. Après cela, il n'y a plus qu'à classer et à coordonner les matériaux, une affaire de patience, et vous possédez les mémoires de votre amie, aussi intégralement que si elle les eût écrits sous la dictée de sa conscience !

– Ah ! dit le duc en baisant le vieux front de Rose Turpin, vous me sauvez la vie ! Mais comment ne s'est-on jamais avisé de vérités aussi évidentes ?

– Mon cher duc, répondit la vieille diablesse, je vous dis tout cela parce que nos rôles sont joués et que nous rentrons dans la coulisse. Le monde serait fini demain, si le secret des femmes était connu des hommes, et c'est pourquoi ils ont tous dans leurs yeux des pailles ou des poutres, selon leur âge, leur fortune et leur position sociale. Puisque je vous ai rendu service, j'exige pour récompense que vous ne vous présentiez pas chez Mariette avant une demi-heure d'ici, car vous ne devez pas revoir cette fillette sans avoir retrouvé le calme qui, en pareille occasion, convient à un gentilhomme. »

Le duc d'Essé, qui est esclave de sa parole, promit et partit. Dix minutes après, Rose Turpin était chez Mariette.

« Ma petite, lui dit-elle sévèrement, le duc a des soupçons, et il ne s'en faut pas de l'épaisseur d'un cheveu qu'il ne sache tout. Pour le moment, je l'ai amusé avec des calembredaines et j'ai dépisté les chiens. D'ailleurs, M. d'Essé est trop grand seigneur pour te voir telle que tu es. Il a de la peine à deviner qu'une fille comme toi, belle à miracle et honorée de son amitié, est amoureuse d'un cabotin de Montmartre parfumé au patchouli, et qui se nomme Aldéric Chausson ! Mais il finira par s'en apercevoir, car tu l'aides trop. Rien n'est plus malhonnête que la bêtise. Tu vaux juste le prix d'une pomme verte, et en dépit de ton jeune premier, tu es en train de te faire une fortune des plus sérieuses ; cela grâce au duc. En revanche, tu lui dois des illusions : tâche de les lui donner !

– Je vais m'occuper de cela, madame Rose », répondit docilement la belle Mariette, en levant ses yeux d'un bleu sombre, auxquels l'absence complète de pensée donne un charme attirant et mystérieux.

Le Fruit défendu

L'amour n'est lui-même qu'à la condition de vivre de sa substance, de savoir se créer et se renouveler sans avoir d'obstacles à vaincre ; mais être libres de s'aimer et le faire sans défaillances, sans ennui, sans répétitions et sans vulgarité, c'est une œuvre qui demande à l'homme et à la femme qui l'ont entreprise plus d'imagination et de science qu'il n'en faut pour sculpter *la Vénus de Milo* ou pour trouver une *Iliade* ! Dans la simple et primitive conception des poètes comiques, Isabelle et Valère ont coutume de maudire les pères, les mères, les oncles, les tuteurs et surtout les maris, qui sont censés être pour eux les trouble-fête et ce que l'énergique argot moderne a appelé *les empêcheurs de danser en rond ;* ils doivent au contraire les bénir dans la vie, où ces précieux importuns leur permettent, par leur seule présence, de se tirer d'affaire avec des mots, avec de courtes répliques, et de ne pas avoir à affronter la tirade, qui est dans la conversation aussi redoutable que l'est dans la contredanse le cavalier seul. En amour, avoir à inventer des développements toujours nouveaux et variés, sans que le crochet où les attacher vous soit fourni par une opposition ou une polémique hostile, c'est être dans la situation du statuaire devant le bloc de marbre, ou de l'écrivain devant l'effrayant papier blanc. Tel homme qui, avec un bon sujet d'article, ayant quelqu'un à combattre et à contredire, a fait un article très suffisamment sublime, s'il faut ensuite qu'il tire quelque chose de lui-même, se trouve, en face d'une main de papier, dépaysé comme un Indien voyageant à Paris, et muet comme un poisson ; mais s'il est malaisé d'inventer quelque chose lorsqu'il s'agit de littérature, combien la difficulté est plus troublante et plus invincible en amour !

On se rappelle l'éclat que jetèrent sur l'Odéon les comédies satiriques de Philippe Tellas, qui s'y succédèrent si rapidement, malgré les chiffres énormes de leurs représentations, à l'époque où, reprenant la veine satirique d'Émile Augier, ce railleur de génie tenta de faire de l'Aristophane en prose, et écorcha tout vifs devant le public parisien plusieurs Marsyas facilement reconnaissables, et dont les noms couraient sur toutes les lèvres. La protagoniste de ces pièces irritées était la célèbre soubrette Léa Salmon, tout à coup passée grande dame dans des œuvres où tout devait être interprété avec la furie d'une verve incisive et inexorable. Ce qui fait, entre autres choses, la grande originalité de Léa, une Parisienne qui, avec ses frêles mains transparentes, aurait rôti le balai d'Hercule, c'est que, séduisante à la ville par une beauté sentimentale et romantique, et toujours pareille à une Ophélie qui va se jeter dans le torrent, elle devient au théâtre la plus forte en gueule de toutes les Dorines, ayant dans ses yeux et sur sa bouche enflammée toute la cruauté de Molière, et disant les plaintes de Cléanthis avec une effronterie qui déconcerte les messieurs de l'orchestre. Par une combinaison naturellement indiquée, mais qui pourtant se réalise moins souvent qu'on ne le croit, Tellas et la comédienne s'éprirent violemment l'un de l'autre et devinrent amants, toutefois dans les conditions les plus âpres et rudes, car, marié à une charmante femme, à cette douce et délicate Edmée que Paris se rappelle encore, Tellas, sous peine d'être un monstre, ne pouvait résolument l'affliger; et, quant à Léa, elle avait alors pour ami officiel ce beau marquis Paul de Négremont, géant à la noire chevelure avec qui personne ne pensa jamais à plaisanter, qui ne la quittait pas plus que son ombre, et qui tout jeune encore, était déjà malin et spirituel comme un vieux singe.

Et notez ces circonstances aggravantes : Mme Edmée Tellas, cousine germaine, amie intime de la femme du directeur de l'Odéon, et Négremont, militaire, artiste, millionnaire, grand seigneur parisien, pour qui aucune porte n'est fermée, avaient accès à toute heure dans tous les couloirs et dans tous les recoins du théâtre; ce fut donc à grand'peine que, tendant avec génie, Léa son agilité de soubrette de race, et Philippe Tellas ses combinaisons d'auteur dramatique, ces deux papillons, également tenus par un fil de soie et d'or, improvisaient en un millième de minute leurs impossibles amours au coin d'un portant, à la sortie d'une loge d'avant-scène, au foyer même, faisant passer la muscade comme des escamoteurs, échangeant devant dix personnes un baiser que personne ne voyait ni n'entendait, et faisant tenir un monde de pensées condensées dans une phrase de télégramme, murmurée pendant le temps qu'il fallait à Edmée Tellas pour replier son éventail, où à Négremont pour attacher le bouton de son gant. Ils s'étaient habitués à vivre ainsi avec une pointe de couteau sur le cœur, bravant, celle-là une mort certaine, celui-ci l'odieuse responsabilité d'un crime, de jour en jour plus affairés, et si occupés de leur mise en scène, qu'ils n'avaient jamais eu l'occasion de se montrer l'un à l'autre rien de l'inévitable bêtise qui existe nécessairement dans l'esprit de toute créature humaine. Philippe et Léa avaient d'ailleurs, l'un comme l'autre, autant d'esprit que la vie moderne en exige ; et comme c'est à peine si, en six mois, ils avaient pu deux ou trois fois, en y travaillant quinze jours à l'avance, se ménager dans un jardin public des rendez-vous de cinq minutes, occupés pendant la courte durée de ces rendez-vous à interroger le jardin du coin de l'œil, haletants et le cœur palpitant, ils semblaient alors se dire des choses extrêmement spirituelles, car, pour bien parler, rien n'est tel que d'être interrompu ou d'avoir peur de l'être.

Mais comme jamais Psyché ne pense à autre chose qu'à la lampe qui doit faire son malheur, Philippe et Léa, est-il utile de le dire ? n'avaient qu'un seul rêve, celui de se trouver seuls ensemble et libres de s'aimer vingt-quatre heures de suite chaque jour, par un miracle irréalisable, que pourtant le hasard se chargea de réaliser, pour montrer, une fois de plus, que le scénario de la vie réelle est une grande composition ironique. Négremont fut obligé d'aller en Bretagne pour d'importantes affaires de famille, et en même temps, Mme Edmée Tellas étant extrêmement souffrante et affaiblie, le médecin l'envoya aux Eaux-Bonnes, où Philippe, qui avait une grande pièce en répétition, se trouva naturellement dispensé de l'accompagner. Enfin, le jour se leva où les deux amants eurent à leur service, ajoutées l'une à l'autre, autant d'heures et de minutes qu'ils en avaient pu souhaiter ; mais alors, quelle désillusion, quelle chute éperdue à travers l'espace, terminée par un choc brutal ! Ce bienheureux jour-là, partis à l'heure où s'éveillent les premiers wagons, à onze heures du matin Philippe et Léa avaient fait le tour du bois de Chaville ; ils avaient cueilli des pâquerettes dans l'herbe, ils avaient marché sous les feuillages, enlacés comme deux bergers de l'*Astrée*; ils étaient rentrés à Paris dans le nid que Duval leur avait meublé, pour la circonstance, d'une étoffe de Chine cendre de rose ;

ils avaient épuisé et recommencé les divers thèmes de scènes d'amour qu'une actrice et un auteur dramatique peuvent se réciter sans rire, et ils pensaient avec épouvante que la répétition, annoncée à onze heures pour le quart, n'était pas encore commencée et qu'en ce moment-là, où ils étaient déjà au bout de leur rouleau, ils avaient encore à consumer, jusqu'à minuit, treize heures d'amour libre et sans entraves !

Le lendemain, ce fut bien pis, car, dans les serments qu'ils échangeaient avec une conscience touchante, ils reconnaissaient clairement des passages entiers empruntés aux œuvres romantiques les plus connues. Le surlendemain, ils entrèrent dans les narrations d'historiettes et de nouvelles à la main que, pour la plupart, ils connaissaient déjà ; puis ils se mirent cyniquement à se raconter les journaux du matin, que pourtant ils avaient lus ensemble. Ils éprouvèrent alors une envie bien légitime de s'entre-dévorer, et c'est ce qu'ils auraient fait certainement, si Négremont, ayant terminé plus tôt qu'il ne l'espérait ses affaires en Bretagne, ne fût revenu à l'improviste. Il les gêna beaucoup, mais cependant pas assez, car Léa Salmon, excédée, à bout de patience, ne put s'empêcher de crier à Philippe, de la voix d'un condamné qui demande sa grâce : « Fais revenir ta femme ! » Mme Edmée Tellas fut en effet rappelée, sans égard pour sa santé chancelante, et Philippe et Léa furent replacés dans leur situation primitive ; mais ce qu'ils ne retrouvèrent pas, ce furent leurs frissonnements d'amoureux que tout menace, ni leur ardeur à s'embrasser derrière les portes : ils avaient été pendant quelques jours si effroyablement libres que le souvenir de cette liberté leur gâtait leur bon esclavage ; si bien que, renonçant au théâtre et aux promesses de l'Académie, Tellas partit pour l'Orient comme un paysagiste, tandis que, sans l'avoir prévenu, Léa acceptait un engagement en Russie pour étouffer sous un vaste manteau de neige la vulgarité de ses désolants souvenirs.

Il faudrait arrêter ici l'histoire de ces amants, car l'épilogue en fut navrant ; mais n'épargnons pas au lecteur la sombre lie amassée au fond du verre, car c'est elle précisément qui est la vérité ! Ils se retrouvèrent dix ans après ; Edmée était morte et Négremont marié, et ils se retrouvèrent dans les conditions premières, car Philippe avait recommencé à écrire des comédies et Léa à les jouer ; seulement, c'est au Théâtre-Français qu'on les applaudissait l'un et l'autre, dans leur seconde manière. Un soir qu'ils sortaient de l'avant-scène du rez-de-chaussée en compagnie de quelques personnes, ils se trouvèrent un instant seuls derrière la porte, leurs mains se rencontrèrent, la lèvre de Philippe effleura les cheveux de Léa, et le souvenir évoqué tout à coup de leurs premières amours leur fit monter un flot de sang au cœur. De là une seconde ou troisième liaison qui, pour ces deux êtres bien élevés, devint un calme enfer, car ayant moins de choses à se dire que deux sourds-muets, ils en furent réduits au style épistolaire, et ils s'écrivirent des choses parfaitement littéraires, qu'on aurait pu insérer dans la *Revue des Deux-Mondes*. Léa, devenue un peu bas-bleu, s'inspirait des bons poètes, et quand elle avait, par exemple, trouvé dans un livre un joli motif de lettre Moyen-Âge, elle allait écrire la lettre à Rouen ou à Bourges, comme elle trouvait un prétexte pour avoir affaire à Blois ou à Chenonceaux, si la lettre devait être en style Renaissance. On n'a jamais su comment la correspondance de Philippe et de Léa, parfaitement classée et mise en ordre, a fini par trouver place dans les vitrines de M. Feuillet de Conches, qui est, comme on sait, le plus féroce des collectionneurs.

Les petits journaux, qui ne respectent rien, ont annoncé que ce recueil serait publié à titre de roman par lettres. Sans avoir jamais dit ni oui ni non, et sans s'être expliqués à ce sujet vis-à-vis l'un de l'autre, Tellas et Léa Salmon en sont venus à discuter, avec une intention qui ne laisse pas de doute, des questions de format et de justification ; Philippe préfère les illustrations à l'eau-forte, et Léa approuve la maison Techener de vouloir ressusciter dans les livres la gravure en taille-douce ; mais ils finiront par s'entendre. La morale de ceci, c'est que, de tous les arts libéraux, l'amour est celui qui demande le plus d'imagination et d'invention, et que tel fait très bien parler Roméo et Juliette, qui n'a pas grand chose à dire pour son propre compte.

La Déesse

Dans la vieille et bizarre rue du Renard, qui va de la rue Neuve-Sainte-Marie à la place de l'Hôtel-de-Ville, le poète Edgard Taly crut reconnaître, à la vague lueur d'un bec de gaz enveloppé de brume, le grand caricaturiste Bourgis. Mais, en même temps, parmi les ombres opaques et flottantes d'une âpre nuit de décembre, il pensa être la dupe de quelque étrange effet de lumière ; car, sur le puissant visage du dessinateur, qu'on a pu si justement comparer à Michel-Ange, visage aux larges plans, d'ordinaire complètement rasé, il lui sembla voir, courant des oreilles à la bouche, une paire de ces favoris à la colonel Chabert, que portaient les vainqueurs de Friedland, de Smolensk et de la Moskowa, et qui leur coupaient la joue en deux, comme si d'un noir coup de sabre la Mort eût voulu d'avance les marquer à son chiffre dans les batailles. Taly fit vers son ami, qui se dissimulait dans l'ombre, un mouvement promptement réprimé par la réflexion. Avec la rapidité d'esprit des Parisiens, il avait tout de suite compris qu'il allait mettre le doigt entre l'arbre et quelque mystérieuse écorce inconnue, et il prit un air indifférent, voulant s'enfuir. Mais Bourgis, à qui ce mouvement n'avait pas échappé, eut l'air d'un homme qui prend son parti, et, résolument, aborda le poète.

« Mon maître, dit Taly, pardonnez-moi l'involontaire indiscrétion de mon regard. J'aurais dû ne pas vous voir ; mais nous avons beau nous appliquer à apprendre la vie, nous ne la savons jamais ! Il est évident que pour avoir disparu complètement des promenades et des rues, où posent vos modèles, et pour avoir inquiété vos amis et vos ennemis, vous devez avoir une trop bonne raison. Mais soyez parfaitement tranquille ; notre rencontre n'a pas eu lieu, et, qu'il s'agisse pour vous d'amour ou de politique, je ne veux pas surprendre vos secrets, même au moyen de l'induction. Conspirez, mettez votre tête sous le couperet, ou allez chez Hermione, et portez-lui votre cœur à dévorer ; faites enfin ce qui vous plaira, et je m'engage à ne l'apprendre que par les journaux !

– Eh bien, non ! dit Bourgis, vous l'apprendrez tout de suite, car mon immense joie m'étouffe, et le hasard, en vous envoyant à moi, me donne justement le confident qu'il me faut, puisque vous êtes un poète, c'est-à-dire un personnage dont les paroles passent en tout état de cause pour n'être que de vaines syllabes sonores, et puisque personne ne vous croira, si jamais vous êtes tenté de raconter la vérité. Sachez donc que je jouis d'un bonheur stupéfiant et surhumain, supérieur à celui des Roméo, des César, des Dante et des Michel-Ange, qui n'ont connu que les extases de l'amour ou de la domination ou de la création idéale; puisque j'ai, que je possède en toute propriété, sans que rien puisse me la ravir, car elle même ne sait pas qu'elle m'appartient...

– Qui donc?

– Une Déesse.

– Hein, fit Edgard Taly. Ah! j'entends. Une Déesse, c'est-à-dire une femme très belle selon vous, parce que vous l'aimez. Cette figure, dit Du Marsais, s'appelle *hyperbole,* mot grec qui signifie *excès.*

– Allons donc! interrompit Bourgis indigné, est-ce que vous me prenez pour un académicien? Pensez-vous que je parle en métaphores? Je vous dis : une Déesse, et la plus puissante de toutes, Vénus, celle qui est l'attraction universelle, qui entraîne les astres dans des rythmes dont les vôtres ne sont que de pâles copies, celle qui fait sourdre et germer les plantes, qui force les lions à pleurer d'amour, et qui vous engage à arborer les plus triomphants gilets pour plaire à Mlle Ada Fillis, du Cirque! »

Edgard Taly, très inquiet, s'éloignait du caricaturiste et regardait obliquement les sergents de ville.

« Mais non, lui dit Bourgis, je ne suis pas fou, et vous n'aurez pas à me conduire chez le docteur Blanche. Suis-je le premier homme à qui il soit arrivé une aventure tellement merveilleuse, que le réel doive se confondre pour lui avec le surnaturel ? Mais mon étonnante histoire doit vous être exposée sans charlatanisme, car elle ne peut que trop se passer de tout ornement. Vous voyez d'ici cette façade éclairée par trois becs de gaz. C'est le café de la Garde nationale, tenu par un bourgeois quelconque, nommé Lusinarre.

– Les Dieux ! la Garde nationale ! murmura Taly, qui avait mal à la tête. Vous êtes sûr que vous n'êtes pas fou ?

– Un soir, dit Bourgis, par un hasard béni, j'entrai là, moi qui fuis comme la peste le bruit des cafés et leurs abominables décors. Mais mon destin voulut que je fusse tourmenté par une soif ardente. J'entrai et je vis au comptoir, non pas une femme, certainement, non pas une créature semblable à la statue divine qui se nomme la Vénus de Milo, mais en chair et en os, et lumineux de sa splendeur essentielle, l'être même que représente cette figure de marbre. Oui, c'était bien elle, Vénus, avec sa tête jeune et terrible, avec sa chevelure ondulée et chaste, avec son sourire plein de menaces ; c'était son cou de guerrière ; c'était son corps, sa poitrine, son sein de vierge, son ventre aux plans simples et magnifiques ; car – pourquoi serais-je modeste ? – avec l'invincible volonté de cet œil artiste que vous me reconnaissez, je l'avais, en un instant d'une rapidité fulgurante, déshabillée, dépouillée de ses voiles, comme si la mer eût encore, d'un âpre baiser, caressé son dos et jeté des flocons d'écume sur ses pieds roses !

– Diable ! dit Edgard. Et Mme Lusinarre s'apercevait-elle qu'elle posait ainsi devant vous, nue comme un plat d'argent ?

– Je ne le crois pas, reprit Bourgis, car avec la nette et instinctive prévision de l'avare qui veut garder son trésor, je m'appliquai dès ce moment-là à avoir l'air d'un imbécile. Je pensai qu'elle ne m'avait pas remarqué, et, comme il faut tout prévoir, comme, si laid que je sois et pareil aux bourgeois que je dessine, il se pouvait qu'un jour, touchée par l'aile embrasée de mon propre Désir, cette femme, si c'en était une, devînt amoureuse de moi, ce qui eût soumis mon ineffable souveraineté aux circonstances éventuelles d'une passion nécessairement bornée, j'eus le courage de composer, de rassembler et de perfectionner le déguisement que vous admirez sur moi, avant de retourner au café de la Garde nationale. Une fois muni de redingotes en castorine couleur de singe, de pantalons verts et cannelle, de chapeaux archaïques, je m'habituai à porter des lunettes bleues, et je me laissai pousser ces favoris de colonel de l'Empire, pareils à ceux dont le ténor Rubini complétait l'harmonie à l'aide de ses tuniques abricot ! Dès lors, avec une volupté impérieuse, tranquille, sûre d'elle-même, je pris possession de ma Vénus. Et qui me l'eût disputée ? Qui même eût pu la deviner, soupçonner son existence ? Ce ne sont pas les bourgeois, pour qui Aphrodite habillée n'est qu'une grosse femme ; ni les poètes, qui, en fait de beauté, ne tiennent qu'à la beauté des rimes; et encore moins les artistes qui, en ce temps misérable, sont épris d'un idéal mince et fuyant, pareil à une sangsue. Quant à me figurer que M. Lusinarre ait jamais pu tenir entre ses bras profanes cette dompteuse des tigres et des flots de la mer, cette mère des sourires meurtriers et des sombres Désirs, c'est ce qui n'eût pas été possible, après que j'avais vu la modeste tête de veau de ce commerçant.

– Pourtant, dit Edgard Taly, M. Lusinarre…

– Je voyais, je vois ma Vénus, dit Bourgis, mon Aphrodite d'or aux paupières arrondies, telle qu'elle parut sur les flots frémissants, quand les Heures de l'hymne homérique ornèrent son cou de colliers de fleurs d'or! Je l'embrasse, je la possède avec les mille aspirations intelligentes d'une âme qui l'enveloppe tout entière. Là est ma vie terrestre et éternelle, continua-t-il en montrant le café où Edgard Taly, à travers les rideaux, aperçut vaguement avec épouvante la tête sacrée; mes journées passées dans l'atelier à noircir des pierres lithographiques pour le *Charivari*, c'est le rêve plat et vulgaire; et, cependant, le brûlant souvenir de celle dont émane toute force et toute vertu suffit encore à jeter dans ces griffonnages les sauvages éclairs que vous voulez bien nommer parfois du génie!

– Mon cher maître, dit Edgard, je ne suis pas de ceux que les Dieux trouvent incrédules, car sans eux, à qui nous devons le plus clair de nos sous et de nos lauriers, nous ne serions rien de plus que des joueurs de vielle, ou des clowns plus adroits que les autres.

Aussi ai-je bien envie de vous demander votre intercession. Au bout du compte, pourquoi ne prieriez-vous pas votre Vénus de rendre Ada Fillis... moins infidèle ? »

Par une pudeur toute parisienne, Taly n'avait pas osé prononcer sans euphémisme le mot : *fidèle* ; mais, d'ailleurs, son étrange souhait ne fut pas entendu par Bourgis, qui, laissant là tout à coup son interlocuteur, était entré dans le café, irrésistiblement attiré à son insu par les sombres yeux de pierres précieuses de la Déesse.

« Et comment tout cela a-t-il fini ? demanda Mme de Friès, à qui Edgard Taly racontait cette histoire.

– Tragiquement, fit le poète. Bourgis, qui ne peut avaler, en honnête homme qu'il est ! ni la bière ni l'alcool des limonadiers, ne prenait pas autre chose que du thé au café de la Garde nationale. Comme si on eût organisé contre lui une sourde persécution, ce thé devint de jour en jour tellement exécrable, qu'un soir, mon ami, oubliant toute feinte, interpella avec colère le garçon, de sa belle voix faite pour commander et pour charmer. Il comprit qu'il s'était trahi ; une minute auparavant il avait cru voir Vénus regarder son dessin du *Charivari* avec une admiration passionnée. Il se repentit, mais trop tard. Mme Lusinarre était devant lui, tenant à la main (comme elle eût tenu un vase d'émeraude !) une théière d'où s'exhalait dans la vapeur fumante un parfum de thé authentique, à ravir le shiogoun [*sic*] Yose Mouni dans son palais de Kioto. “Celui-là sera bon, je pense”, dit-elle d’une voix d’ouragan et de lyre, mélodieuse comme la mer de Myrtos. Et comme Bourgis, interdit et muet, la regardait d’une prunelle stupéfaite, elle ajouta : “Et puis, vous savez, monsieur Bourgis, vous pouvez couper vos favoris !” Et, en parlant ainsi, elle parut à l’artiste grande comme Cythérée, lorsque Anchise, à son réveil, la vit ayant repris ses vêtements splendides et ses chaînes étincelantes comme la lune sur son beau sein. Bourgis s’enfuit, car il ne voulait pas réduire aux proportions d’une aventure le plus beau rêve de gloire qui ait jamais embrasé une cervelle humaine. Depuis lors, il vit extrêmement retiré, dans un atelier de l’île Saint-Louis, où personne ne pénètre, et d’où il ne sort qu’une fois par mois, pour aller au *Charivari* porter ses pierres et toucher son argent. Il n’a jamais reparu au café de la Garde nationale. Mais, de loin en loin, on y voit, la tête cachée dans un bonnet de soie noire, un vieillard caduc, ridé et sordide comme le père Canquoëlle de Balzac ; et Henry Monnier prétendait que ce débris humain n’est autre que Bourgis très bien grimé, et qui reviendrait sous ce costume, pour admirer encore sa Déesse. Sur ce point, je n’affirme rien, car c’est ici que commence la légende.

– Mais enfin, demanda à Taly Mme de Friès, qui, en vraie femme, veut savoir le fin mot de tout, cette Mme Lusinarre, du café de la Garde nationale, ressemblait-elle en effet à la Vénus de Milo ?

– Madame, lui répondit le poète, il s'agit non pas d'une ressemblance, mais d'une identité ; et, si elle fut réelle, je n'ai malheureusement pas qualité pour le savoir, n'étant qu'un agréable enfileur de perles. Les Dieux, lorsqu'ils en ont le caprice, peuvent en toute sûreté venir sur la terre ; car ils ne risquent en aucune façon d'y être reconnus, si ce n'est par les hommes de génie ! »

Le Fiacre

Ceci est une anecdote parisienne dont nos aïeux auraient fait un bon conte pour rire, s'il y avait eu des fiacres du temps du roi Louis XI. Elle a une morale, et c'est celle-ci : que, s'il existe mille moyens variés et infiniment divers, tels que soupirs, gaieté, petits soins, collations exquises et perles rares données libéralement, pour se faire aimer des femmes, le meilleur moyen de les perdre est de se montrer lâche, fût-ce une minute.

Qui ne connaît le compositeur Janoty ? Quoiqu'il soit pauvre comme Job et qu'il n'ait encore été joué qu'aux Folies-Marigny, ce brave homme d'un blond fade, affligé d'un de ces visages que Henri Heine a nommés *superflus*, était, il y a un mois encore, aimé pour lui-même, et il possédait ce bien plus rare que les rimes à *triomphe* : une femme fidèle ! Maintenant, il est tout à fait comme Sganarelle, excepté que l'imagination n'a rien à voir là dedans. Minotaurisé sur toutes les coutures, quand il va dans la rue, c'est une forêt qui marche; son front est orné d'un bois si touffu, qu'on y pourrait entendre chanter les rossignols, et il ne saurait, sans baisser la tête, passer sous les arcs triomphaux. S'il a des enfants, ils seront, non pas seulement les fils de quelqu'un, ainsi que Figaro l'exige, mais les fils de tout le monde; car Mme Janoty, la jolie et charmante petite Colette, rôtit des balais dans un feu qui jamais ne s'éteint, et jette ses bonnets par-dessus des moulins qui tournent toujours!

En pieux souvenir de sa grand'mère Ève, elle enfonce ses belles petites dents de neige dans des tas de pommes vertes, et elle est en conversation réglée avec le serpent. Au Bois, si vous voyez le store d'une voiture qui se baisse, et une tête éveillée et fauve qui tout à coup disparaît, ce profil perdu est le sien. Si vous rencontrez dans un corridor une femme à la forme svelte, bien voilée et emmitouflée, sonnant à la porte d'un garçon, c'est Colette encore. C'est elle qui monte l'escalier du café Anglais et qui descend celui de la Maison d'Or; bref, elle est dans mille endroits mais non chez elle; vous l'apercevrez derrière les écrans des avant-scènes, aux bals de village, à la guinguette, et partout où l'habile chasseur Amour prépare ses glus et ses appeaux. Quant à Janoty, il se mord les doigts du matin au soir, avec tant d'acharnement qu'il n'en aura bientôt plus. Tel est son tragique destin, et vous allez voir qu'il ne l'a pas volé.

Colette était une adorable petite femme, s'efforçant de croire au génie de son mari, tenant la maison propre et nette sans le secours d'aucune servante, économisant sur rien du tout, fabriquant des cuisines exquises avec des ingrédients chimériques, toujours aimable, gentille, souriante, exécutant sur le piano les œuvres de Janoty tant qu'il le voulait, jusqu'à cent fois de suite ; raccommodant le bœuf bouilli avec des sauces d'archevêque, idéales et divines, qu'elle tirait de sa seule imagination ; et, sous le grand soleil, elle montait jusqu'au marché des Batignolles, où l'on trouve parfois des écrevisses à un sou ! Janoty était parfaitement heureux, aimé, choyé, caressé, nourri comme un chanoine. Colette, qui a de grands yeux caressants, des lèvres de grenade, et par sa mère du sang arabe dans les veines, poussait bien parfois des soupirs à fendre des pierres, en songeant à un poète noir comme une taupe, qui la suivait dans les rues, et lui lançait des regards de naufragé ; mais elle se raccrochait au sentiment du devoir. Aujourd'hui, elle a mis ce sentiment-là sous ses petits souliers à talons, et elle danse dessus ! Si Janoty avait besoin d'un pseudonyme, il pourrait, sans s'exposer à aucune réclamation, se faire appeler maître Cornélius, et il y a plusieurs douzaines de Parisiens auxquels il a le droit d'écrire, sans fatuité : « Monsieur et cher confrère. » Comment a-t-il pu atteindre avec précision un résultat si complet, et cela en moins de cinq minutes ? C'est ce que je vais vous dire.

La grande Tata, cette étoile des Folies-Marigny à qui ne manquent ni les pudeurs de Mme Judic, ni les formidables sous-entendus de Jeanne Granier, ni les cheveux vaporeux de Mme Théo, et qui deviendra célèbre comme une autre, s'il plaît à la fée Carabosse qui préside aux choses absurdes ; l'élégante, la blonde, la mince, la frivole Tata s'était engouée de la chanson : *Mon frère pompe, pompe, pompe, car il est pompier*, et elle venait demander à Janoty de lui écrire, pour la pièce nouvelle, un air qui fût : *Mon frère pompe, pompe, pompe*, et qui cependant ne le fût pas. Notre maestro a justement le talent qu'exigent ces sortes de transpositions ; aussi pouvait-il servir à point nommé la Patti en mauvaise herbe. Ce fut Colette qui lui ouvrit la porte ; elle épluchait ses légumes avec un soin fidèle et tenait un torchon à la main. « Annoncez-moi », lui dit Tata, faisant voler sa traîne ; et Colette, qui n'est pas entêtée, l'annonça. Comme elle était en train d'éblouir Janoty, de tourbillonner autour de ses yeux bêtes et de lui faire voir cent mille chandelles en plein midi, tomba une de ces pluies qui, le mois dernier, ont gâté tant de chapeaux et fait éclore tant de roses. « Ah ! mon Dieu, comme ça tombe ! fit la grande Tata, envoyez-moi donc chercher un fiacre par votre bonne ! »

Janoty avait là une belle occasion de se montrer brave, ou seulement honnête homme, et de dire : « Je n'ai pas de bonne ; c'est ma femme. » Il fut lâche et répondit : « Avec plaisir ! » Le voilà entré, en tournant ses pouces, dans la salle à manger servant d'antichambre, où plus que jamais Colette épluchait ses légumes, ratissant et raclant comme une digne ménagère. « Tu sais, murmura-t-il, Mlle Tata est en robe de satin, en souliers de satin, il pleut à fondre les trottoirs, tu serais bien aimable d'aller...

– ... chercher le fiacre ? dit Colette en jetant à son mari un clair regard flambant qui aurait dû le faire rentrer sous terre. Chercher le fiacre ? Comment donc ! Tout de suite ! »

Elle y alla, mouillant en plein ruisseau son unique paire de bottines, et elle prit même la pièce de vingt sous que la grande Tata lui glissa dans la main, pour sa peine. Et c'est à partir de ce moment-là que Janoty a dû se trouver satisfait, s'il était curieux, car il a pu voir tous les jours, sans sortir de chez lui, une pantomime en cent cinquante tableaux, avec changements à vue, plus bizarre que celle des Funambules. Il connut la soupe glacée, le vin réchauffé, la lampe suppléée par une bougie qui coule et, au moment de se mettre à table, le repas remplacé par un morceau de charcuterie apporté dans du papier. Colette, qui naguère se levait à l'aube, se fait tirer par le bras, à onze heures, en soupirant : « Tiens ! est-ce qu'il fait jour ? » Ce ménage, si reluisant jadis, où on aurait en vain poursuivi un grain de poussière, ressemble à une ville d'Italie prise par les Vandales. Il y a des toiles d'araignée dans les assiettes et des casseroles sur la pendule ; il n'y a plus de boutons aux habits ni aux chemises ; en revanche, que de trous aux chaussettes ! Mais cela n'est encore rien. Janoty appartient à l'école de la mélodie ; c'est-à-dire qu'il exprime la passion humaine en recopiant : *J'ai du bon tabac, le Menuet d'Exaudet* et *Marie trempe ton pain dans la sauce!* Avant son crime, Colette flattait cette manie ; mais, à présent, elle a mis les pieds dans le plat et jeté le masque. Elle ne joue plus que du Wagner !

Ses mains crispées éveillent les ouragans sonores ; le piano est plein de Tannhausers, de Valkiries, de Rheingolds, de Crépuscules des Dieux ; il en sort des femmes-cygnes, des Vénus cantonnées dans leurs forteresses et des chevaliers tueurs de monstres, couvert d'armures d'or émaillées de lézards bleus. Au milieu de ces tumultes, Janoty croit voir l'ironique Berlioz, avec son nez de perroquet, perché sur un rayon de sa bibliothèque, et lui lançant une malédiction ponctuée par les cymbales. Il voit aussi le maigre Wagner, en culotte de damas jaune soufre et en robe de chambre couleur de rose, ouvrant des ailes de chauve-souris, pour l'emporter sur quelque Brocken charivarique. Quand il tient son front avec désespoir et dit : « Cette musique me fait bien mal à la tête », Colette répond avec douceur : « Je suis allée chercher le fiacre ! » Et ce mot est devenu le refrain de tous les dialogues. « Colette, la soupe est froide. – Je suis allée chercher le fiacre. – Il n'y a plus de boutons à ma chemise. – Je suis allée chercher le fiacre. – Tu ne m'aimes plus, tu ne m'embrasses plus. – Non, mon ami, mais je suis allée chercher le fiacre. »

Inutile de dire que Colette avait commencé par combler les vœux du jeune poète noir comme une taupe ; mais elle lui avait bien vite donné autant de successeurs qu'il y a de prunelles en lapis-lazuli sur la queue d'un paon ! Enfin, pour dernière volupté, elle a opéré Janoty et lui a arraché les écailles des yeux. Elle est allée au bain à l'heure où il n'y a pas de bains, elle a soigné des tantes mortes depuis trente ans, et elle s'est invitée à la comédie dans tous les théâtres où on ne jouait pas. Les robes à cinquante francs le mètre lui ont poussé sur le dos naturellement, comme les ailes sur le dos des anges ; les diamants et les pierreries se sont allumés spontanément à ses oreilles et sur sa poitrine, et, sans provocation, les tiroirs se sont remplis de chemises de batiste garnies de dentelles et de boîtes de gants à trente boutons. Cependant Colette a trouvé qu'elle n'avait pas encore mis assez de points sur les I, et elle en a ajouté d'autres.

Elle s'est montrée, le jour, le soir, le matin, à midi, sous le soleil et sous le gaz, en plein boulevard, avec des amoureux jeunes, vieux, grands, petits, laids, charmants, quelconques ; elle s'est assise aux tables des cafés, elle s'est promenée en voiture découverte ; elle a dîné aux tables des restaurants et, en rentrant à la maison, elle a laissé ses lettres d'amour toutes grandes ouvertes, si bien qu'au bout du compte son mari a fini par s'apercevoir de quelque chose. Une fois piqué par le taon de la jalousie, il a lu les lettres, suivi les voitures, pris des informations dans le quartier et ailleurs, et un jour est venu où il a su par cœur sa propre histoire. Il a accumulé les preuves, écrit des notes, rassemblé des dossiers; possédant tout cela, il a fait asseoir Colette, comme Auguste fait asseoir Cinna, et alors il a déclamé un réquisitoire en règle, commençant par ces mots : « Madame, vous m'avez trompé ! » Une fois lancé, il a tout dit, les numéros des cabines, les noms des amants et ceux des loueurs de voitures, et le reste ! Pendant ce discours, Colette était rose comme une pêche, gaie comme un pinson, souriante comme une matinée d'avril, et comme Janoty énuméra encore ses fredaines, mêlant les poses nobles et les sanglots, et lui reprochant d'avoir, à force de coups de canif, fait de son contrat de mariage une écumoire, elle a répondu avec une inaltérable joie :

« C'est vrai, mon cher ami, tout cela est exact, mais… je suis allée chercher le fiacre ! »

Premières Pluies

Quand tombent les premières pluies, et quand les premières brumes, à la fois épaisses et transparentes, enveloppent l'atmosphère, Paris est horrible et charmant.

Sur le sol, une boue noire, stagnante, immobile comme l'eau d'un lac infernal, étend son flot hideux, où s'élancent les lourds tramways et les fiacres tachetés comme des tigres, et où les passants, rouges, mouillés, empaquetés comme des colis dans leurs *ulsters*, pataugent avec les attitudes les plus grotesques. Toute la population n'est qu'une immense caricature, et a l'air d'avoir été dessinée par Daumier ! En revanche, la ville elle-même, entourée d'un voile humide comme Amsterdam ou Venise, prend l'aspect d'une eau-forte de maître, dans laquelle des ombres farouches, des jets de pâle lumière, des hachures emmêlées et tortillées par une pointe spirituelle, produisent des effets qui semblent avoir été calculés à souhait par quelque mystérieux artiste. Les monuments, dénaturés, transfigurés, complètement changés par le brouillard qui les déforme, offrent des silhouettes fantastiques de coupoles, d'aiguilles, de tourelles, de châteaux de féerie, de villes gothiques ou indiennes. Paris, mêlé au caprice des nuées, devient un vaste décor fabuleux qui charme le regard ; mais ce qu'il étale sous nos pieds est abominable.

Ce Paris-là est le désespoir des passants, trempés, fourbus, affolés, qui retroussent le bas de leurs pantalons, ou, abandonnant toute espérance, plongent résolument dans la boue, ou, glacés, restent arrêtés devant une boutique, où ils ne regardent rien. En revanche, il est le triomphe de la Femme, qui va dans sa grâce triomphale, et sait, comme le cygne, éviter toutes les souillures ! Par ces jours sombres et pluvieux, la femme à moitié riche, qui n'a que deux cent mille francs de rente, sort dans sa voiture ; la vaillante ouvrière, qui doit préserver son pauvre châle et sa chaussure, monte, par économie, dans l'omnibus ; la petite bourgeoise, pour qui le *cant* est un idéal, se croirait déshonorée si elle sortait autrement qu'en fiacre : mais la grande Parisienne va à pied !

La grande Parisienne ! c'est-à-dire, à quelque monde qu'elle appartienne, la femme vraiment belle et élégante, ornée de dons surnaturels ; celle dont la robe, la coiffure, l'attitude, le chapeau hardi et simple, les gants collants et non étroits, sont harmonisés ainsi que l'œuvre d'un grand artiste, et qui s'est façonnée elle-même, comme le peintre ou le statuaire

façonnent la création idéale de leur cerveau. Celle-là, qui est toute agilité et toute lumière, porte un audacieux défi à l'obscurité et à la boue. Elle va d'un pas sûr, rythmé, glorieux, adorable, sortant pure du pavé ou du macadam que son pied effleure, comme Camille courait en effleurant à peine la pointe des épis. Son irréprochable chaussure ravit nos yeux et elle montre, non pas trop, ni impudiquement, mais assez pour affirmer sa race divine, une jambe svelte, fière, superbe, emprisonnée dans un bas tiré avec génie, sur lequel joue orgueilleusement la tremblante lumière.

Oui, ce Paris boueux est le triomphe de la femme, envolée et gracieuse comme un rythme d'ode; mais aussi, et pour la même raison, il est le paradis du rêveur qui suit les femmes.

Je connais un de ces suiveurs de femmes par la pluie, qui a vécu et qui vient de mourir de son innocente passion. Ce bohème, nommé Stora, n'avait aucun moyen d'existence, car il ne savait rien autre chose que jouer au bilboquet et composer des vers lyriques. Vivant de quelques paroles de romances, qu'il vendait çà et là à des éditeurs sinistres, ce pauvre diable griffonnait dans un cabinet sous les toits, éclairé – ou obscurci – par une minuscule fenêtre à tabatière, et y mangeait de temps en temps un sou de pain et deux sous de quelque chose, voué à la solitude, à la tristesse, à la nuit noire, privé de tout luxe, de toute fête, de toute joie, et ne connaissant que de

réputation l'amour et les louis d'or. Il demeurait loqueteux, silencieux, affaissé sur lui-même, tant qu'il gelait ou qu'il faisait beau; mais sitôt qu'il commençait à pleuvoir, il descendait, prenait possession de Paris devenu son domaine et sa ville, et alors il avait à lui un harem plus divers et varié que celui du roi Salomon.

Il suivait les femmes! L'œil fixé sur leurs chaussures et sur leurs jambes divines, il les suivait, le jour, le soir, la nuit, marchant comme le Juif-Errant, voyant disparaître sous ses pas les boulevards, les places, les rues, s'enfonçant dans les quartiers obscurs, quittant un bas de soie bleu pour un bas gris, et un brodequin de chevreau noir pour un brodequin de peau dorée; car il se donnait le plaisir de l'inconstance, quittait, changeait ses idoles, reprenait celle-ci ou celle-là, comme l'avide abeille vole d'une fleur à l'autre, dédaignant de s'attarder sur une même rose! Parfois, il dépassait la femme suivie, et d'un rapide coup d'œil regardait ses yeux, son visage et sa chevelure, tout juste assez pour compléter sa rêverie et pour s'assurer que la jambe dont il faisait pour le moment ses délices était bien accompagnée. Mais, en somme, il connaissait peu les visages et s'en inquiétait peu; en revanche, il en était arrivé à connaître, à cataloguer, à posséder, à savoir par cœur toutes les jambes des grandes Parisiennes. D'une pluie à l'autre, il les reconnaissait, les retrouvait et se remettait à les suivre, comme un homme qui reprend son bien! Et il amassait ainsi de

l'ivresse et des souvenirs pour les affreux jours de beau temps, où il devait rester enfermé dans son cabinet noir, à composer des poésies pour piano.

À ce métier, Stora gagna toutes les bronchites et les laryngites imaginables, car il suivait les jolis souliers étant lui-même sans souliers, ou plutôt chaussé de souliers béants, déchirés, dont il laissait des morceaux à chaque pavé. Sa poitrine devint malade, il fut atteint d'une aphonie, et pouvait à peine prononcer quelques paroles ; mais qu'importe ? On n'a pas besoin de parler pour suivre les bas à jours, les bas multicolores rayés en spirale et les bas gris brodés d'une fleur violette !

Cependant, on ne peut compter sur rien, pas même sur la pauvreté. C'était alors la fièvre des actions ; un ami apitoyé fit gagner quelque mille francs à Stora, que les médecins envoyèrent dans le Midi, et il se mit à errer entre Cannes, Menton, la Bordighera, Monaco et Gênes. Il vit les orangers, les citronniers, les caroubiers, les aloès, la mer bleue ; mais c'est là qu'il fut pris d'une dévorante nostalgie, car il ne pleut pas dans ces pays de soleil, et quand il pleut par hasard, les femmes dédaignent de se retrousser, ou, si elles se retroussent, montrent une jambe carrée, grosse à la cheville et vêtue de bas irréguliers. « Ah ! se disait-il avec amertume, Fiorentino avait raison : de tout l'univers, il n'est que Paris où les femmes aient des bas bien tirés ! » Il soupirait non, comme Mme de Staël, après le ruisseau, mais après le torrent de la rue du Bac, car il le revoyait, les jours où la pluie en fait un fleuve irrité.

Il lisait et relisait *Kenilworth*, de Walter Scott, et enviait le sort du jeune Raleigh, qui, dans le Londres d'autrefois, ignoblement boueux, jetait son manteau de velours sous les pieds de sa reine ! Mais il ne devait pas être donné à Stora d'en faire autant pour ses promeneuses adorées ; car, lorsqu'il revint à Paris, il était sans le sou, comme autrefois, il n'avait plus de paletot à jeter sous les pieds d'une Parisienne ! Il reprit son cabinet noir, ses romances, ses courses sous la pluie. Il n'était pas guéri ; au contraire, il toussait, haletait, râlait ; mais n'en suivait qu'avec plus de persévérance ses jolies jambes, envolées dans les rues comme des oiseaux.

Un de ces derniers jours, après avoir fait ce métier-là du matin au soir, à jeun, sous une pluie battante, il est tombé au pied d'une borne, et on l'a relevé là pour le porter à l'hôpital, où il est mort. Eh bien ! ce bohème doit inspirer plutôt l'envie que la pitié ; car quel prince, quel grand artiste, quel financier vingt fois millionnaire a assouvi ses caprices aussi magnifiquement que Stora assouvissait les siens, dans cette ville que sa pensée embrassait toute, et que son désir avait conquise ?

Lorsque la loi du divorce aura passé et que personne n'aimera plus la femme d'un autre, elle ne se jouera plus jamais, cette délicieuse scène si souvent et si bien racontée par Balzac, où, dans un nid d'amour clos de sombres rideaux, ouaté d'épais tapis, dans l'ombre où chatoient les émaux, les vases précieux, les fauves lumières des ors, un jeune homme attend sa bien-aimée, qui vient en se cachant, rose, agile, frissonnante, le visage caché sous un voile épais. Eh bien ! cette églogue parisienne était surtout délicieuse par les jours de pluie, car bien qu'elle fût venue en voiture et très emmitouflée, la bien-aimée, n'avait pu se défendre tout à fait contre l'humidité, qui avait jeté comme une vague rosée sur sa robe, sur ses gants, sur son voile, sur son front même. Et quelle joie c'était alors de la faire asseoir près du feu, sur quelque chaise basse de satin pourpre, et de sécher son front sous les baisers.

Adorer sans rancune

Qui lit, qui connaît encore Banville? Les manuels d'histoire littéraire l'accolent irrémédiablement à Leconte de Lisle, tel un pilier secondaire du temple parnassien. Une posture inconfortable et ennuyeuse, surtout dans un monument que l'on ne visite plus guère; injuste en tout cas pour celui qui fut l'ami de Baudelaire [1], de Flaubert, de Mallarmé et de Verlaine, pour celui à qui le jeune Rimbaud faisait parvenir en tremblant ses premiers poèmes, bref pour un « maître » dont l'influence sur la poésie française du XIXe siècle est incontestable. Il eut le tort, sans doute, de défendre jusqu'au bout les vertus de la rime et du vers régulier, et de préférer l'art pour l'art à tout autre engagement. Rétif aux épanchements contrefaits des premiers romantiques, il ne goûta pas davantage le « sociologisme » par trop scientifique de Balzac, non plus, ensuite, que le prosaïsme réaliste [2]. Infatigable ciseleur de formes, comme le Gautier d'*Émaux et Camées,* il chercha sans relâche, tel le sculpteur idéal, « un marbre sans défaut pour en faire un beau vase » [3].

Mais on réduit souvent, et cavalièrement, l'esthétique du poète à cette métaphore, dont la citation trop commode claque souvent comme un congé expéditif donné à l'œuvre. Poète désormais négligé, Banville est carrément oublié en tant que dramaturge... [4] et en tant que prosateur. Ses innombrables chroniques [5], nouvelles et critiques lui avaient pourtant valu, à la fin de sa vie, le reproche de la surabondance et de la facilité : Zola, par exemple, après avoir admiré en lui « un des ouvriers stylistes les plus extraordinaires » qu'il connaisse, dénonce sa « facilité déplorable qui le mène tout droit à la banalité ». Reproche qui semble curieux aujourd'hui, quand on relit la prose, où l'écriture sonne juste au mot près [6], des *Contes pour les femmes* (1881), dont est extraite la présente anthologie [7]. L'auteur proclamait, dans l'avant-propos de *La Lanterne magique* [8], les avantages de la concision et de la précision, ces mêmes vertus qu'il réclamait pour la poésie. L'avantage des « compositions assez courtes pour être lues en deux minutes », à la manière du *Gaspard de la Nuit* d'Aloysius Bertrand ou des poèmes en prose de Baudelaire [9], affirmait-il, est qu'elles conviennent parfaitement « pour les gens qui ne lisent pas et qui n'ont pas le temps de lire, c'est-à-dire pour tout le monde. » Il ajoutait qu'en raison de sa médiocrité, son ouvrage avait plus de chance de trouver un public que les chefs-d'œuvre précités...

Cette capacité à l'autodérision n'est pas seulement anecdotique : on oublie trop que la « nouvelle langue [...] versifiée, appropriée à nos mœurs et à notre poésie actuelle » que Banville rêva de fonder était une langue « *comique* ». Et que dans l'imitation des rondels et des ballades médiévales, dans la virtuosité des *Odes funambulesques* (1857), la parodie se mêlait à chaque instant au génie plastique. Une ironie sans cesse cultivée lui donnait plus de recul que ne le crurent ses contemporains face au « sourire décevant des Chimères » [10].

Cet humour, proche du dandysme baudelairien, fit peut-être plus, pour le discrédit posthume de Banville, que sa manie de « faire valser la lune et les étoiles » [11]. Tel le satyre Marsyas qui a dérobé sa flûte à Athéna et paye de sa vie le défi insolent lancé à Apollon, le poète succombe sans surprise : si l'on se mêle de fréquenter les dieux, gare au lèse-majesté ! En présence de Vénus, fût-elle de Milo, il est imprudent de déclarer que « son sein exprime un mépris sans bornes pour les corsetières » [12]. Aussi prend-il soin de s'écorcher lui-même, à l'avance [13].

Mieux inspiré que bien des détracteurs, Baudelaire [14] a magnifiquement perçu chez son ami cette alliance étrange de « la certitude dans l'expression lyrique » et de la bouffonnerie. C'est pourquoi, loin de camper dans un éther de pacotille, Banville est plus que capable de descendre observer « le spectacle de la vie, la grotesquerie perpétuelle de la bête humaine, la nauséabonde niaiserie de la femme », et de promener un regard sans complaisance sur une capitale irrémédiablement futile, « un tohu-bohu, un capharnaüm, une Babel peuplée d'imbéciles et d'inutiles, peu délicats sur les manières de tuer le temps, et absolument rebelles aux jouissances littéraires ». S'agit-il même de « descendre », quand l'« Olympe des Folies-Bergères »[15] surgit d'elle-même, à chaque carrefour ?

Bien sûr, c'est l'auteur des *Fleurs du mal* qui parle ici de Paris et des Parisiennes. La vision de Banville est plus indulgente, et plus souriante, même si ses héroïnes ne sont qu'apparence et si, derrière « le charme attirant et mystérieux » de plus d'une Mariette, se cache seulement « une absence complète de pensée » (« La Jalousie »). On songe à la théorie baudelairienne de la bêtise féminine, « cosmétique divin » : mais c'est que la femme est (encore le sculpteur !) son propre statuaire, et même son propre bloc de marbre. La plupart du temps, l'intrigue de ces récits légers rend d'ailleurs justice – une justice impitoyable – à la mesquinerie et à la lâcheté masculines...

Comment ne pas souscrire, pourtant, à la remarque de Baudelaire sur les deux veines banvilliennes, traduisant un même « état exagéré de la vitalité », empruntant les mêmes figures de style ? Paris, dans ces courts tableaux, est un éternel *décor*, transfiguré, tout comme l'univers mythologique, par d'incessantes hyperboles. Le narrateur apostrophe le lecteur de la même façon que le poète élégiaque prend l'auditeur à témoin de sa plainte. Quant à la femme, concevable seulement comme « un être d'une beauté suprême », elle est nécessairement sublimée par l'allégorie. Souvent comparée à l'enfant (à cause de la pureté, non de la niaiserie), elle évoque, dit Baudelaire, cet Éden perdu vers lequel « tout poète lyrique [...] opère fatalement un retour ». Dans le poème comme dans le conte en prose, elle aura chez Banville toutes les fantaisies d'Ève, toutes les ruses d'Aphrodite, tous les déguisements de son astre tutélaire :

> *« Et souvent elle met une*
> *Nuée en manière de mante;*
> *Elle est absurde, elle est charmante;*
> *Il faut adorer sans rancune,*
> *Avec ses caprices, la Lune. »* [16]

Jérôme VÉRAIN

Notes

1. Baudelaire, qui consacra à Banville (*Revue fantaisiste*, 1er août 1861) une notice des plus élogieuses (*cf.* recueil « Réflexions sur quelques-uns de mes contemporains », inclus en 1869 dans *L'Art romantique*), fit de lui son exécuteur testamentaire.
2. Même s'il fut l'un des seuls à apprécier, en 1869, *L'Éducation sentimentale* de son ami Flaubert à sa juste valeur.
3. Vers tiré des *Stalactites* (1846), le recueil qui apporta à Banville une célébrité précoce.

4. À l'exception peut-être de sa comédie historique en un acte, *Gringoire* (1866), inspirée du *Notre-Dame de Paris* de Hugo.
5. Il tint le feuilleton dramatique du *Pouvoir* (1850) puis du *National* (1869). Banville fut également l'un des animateurs de la *Revue fantaisiste* (1861).
6. Dans sa note liminaire aux œuvres de Baudelaire, Gautier écrivit que la prose de Banville égalait en perfection les plus beaux vers.
7. Le recueil compte en tout quarante-deux contes. Les huit textes retenus ici correspondent aux numéros I, II, VII, VIII, X, XIX, XXII et XXIV.
8. Publiée en 1883, suivie d'une galerie de 195 portraits, les *Camées parisiens*, et d'un pamphlet, *La Comédie Française racontée.*
9. *Le Spleen de Paris (Petits Poèmes en prose)*, éd. Mille et une nuits, 2000.
10. *Gringoire*, scène 4.
11. La critique est de Zola encore, qui ne pardonna peut-être pas à Banville ses propres diatribes contre le naturalisme.
12. *Camées parisiens*, « La Vénus de Milo » (n° 6).
13. Le thème de Marsyas « écorché » par Apollon revient de façon récurrente dans les textes de Banville : deux fois dans le court choix présenté ici, une autre fois dans le portrait d'Henri Heine (*Camées parisiens*), etc.
14. *Cf.* note 1. Par une étrange coïncidence, Baudelaire fait subir à Banville le même « test » que celui proposé par Rose Turpin à l'infortuné duc d'Essé (*cf.* « La Jalousie ») : la recherche du vocable-clé qui trahit la femme infidèle… et le poète. Pour Baudelaire, c'est le mot *lyre* qui « caractérise » l'auteur.
15. L'expression est utilisée par les Goncourt dans leur *Journal*, qui y saluent pourtant à d'autres pages l'habileté de Banville portraitiste : « Impossible de mieux dessiner, en causant, une silhouette, de mieux dessiner un caractère, peindre un ridicule. »
16. *Rondels à la manière de Charles d'Orléans* (1875).

Vie de Théodore de Banville

1823. Le 14 mars, naissance à Moulins (Allier) d'Étienne Théodore de Banville. Sa famille, d'origine normande, y est installée depuis la Révolution. L'enfant sera bientôt envoyé en pension à Paris. Il est bachelier en 1838.

1842. Publication du premier recueil poétique, *Les Cariatides*, salué par Hugo, Vigny, Gautier. Banville s'oppose au matérialisme ambiant, à « l'apothéose de l'épicerie », y compris dans le domaine esthétique. Il condamne la poésie réaliste et privilégie la perfection formelle. Début d'une longue amitié avec Baudelaire. Il fréquente le café *Le Divan*, rue Le Pelletier, où se rencontre toute la bohème littéraire : Nerval, Berlioz, Pétrus Borel…

1846. Publication des *Stalactites*, qui remportent autant de succès que le précédent recueil.

1850. Banville tient la critique dramatique du *Pouvoir*.

1852. Première comédie : *Le Feuilleton d'Aristophane*. Beaucoup d'autres suivront : *Le Beau Léandre* (1856), *Le Cousin du roi* (1857), *Esquisses parisiennes* (1859), *Les Fourberies de Nérine* (1864), *La Pomme* (1865).

1853. *Les Pauvres Saltimbanques*, premier exemple d'une galerie de portraits en prose, genre auquel Banville reviendra sans cesse.

1857. Première publication des *Odes funambulesques*, une parodie des *Orientales* de Victor Hugo où abondent jeux de mots, rimes et coupes acrobatiques.

1861. Souffrant depuis 1857 d'une affection pulmonaire, Banville séjourne à Nice, où il écrit *La Mer de Nice*. Il participe au lancement de *La Revue fantaisiste*.

1866. Mariage avec Marie-Élisabeth Rochegrosse. Première représentation de *Gringoire*. L'année suivante, Banville dédie à son épouse le recueil qu'il considérera par la suite comme le meilleur, *Les Exilés*. Il participe à la première édition du *Parnasse contemporain*, avec Baudelaire et Gautier. Il collaborera également aux recueils suivants (1869 et 1876).

1869. Banville tient la critique dramatique du *National*. Publication des *Occidentales*.

1870. Pendant le siège de Paris, il compose les *Idylles prussiennes*, publiées par *Le National*, ainsi qu'une comédie, *Florise*.

1871. Banville tient rue de Buci puis rue de l'Éperon un salon qui sera fréquenté par Coppée, Mallarmé, Catulle Mendès, Verlaine, Maupassant, Courteline…

1872. *Petit Traité de poésie française*. Banville rompt avec les Symbolistes.

1873. *Trente-Six Ballades joyeuses*.

1874. *Rondels composés à la manière de Charles d'Orléans* et *Les Princesses* (sonnets).

1881. *Contes pour les femmes*.

1882. Recueil de « causeries », *Mes Souvenirs*.

1884. *Contes héroïques*.

1885. *Lettres chimériques*; *Socrate et sa femme* (comédie).

1887. *Madame Robert* (contes).

1888. *Le Baiser* (comédie).

1891. Publication du seul roman de Banville, *Marcelle Rabe*. L'auteur meurt à Paris le 13 mars. Un recueil de poésies posthume, *Dans la fournaise*, paraîtra en 1892, ainsi qu'un volume de *Critiques* en 1917.

Repères bibliographiques

Œuvres de Théodore de Banville

- *Les Camées parisiens,* L'Harmattan, coll. Les Introuvables, 1994.
- *Les Exilés,* La Différence, coll. Orphée, 1991.
- *Odes funambulesques,* Minard, coll. Lettres modernes, 1994.
- *Petit Traité de poésie française,* Ressouvenances, 1998.
- *Œuvres poétiques complètes,* 8 vol., Honoré Champion, 1994-2001.

Études sur Théodore de Banville

- Andrès (Philippe), *La Femme et ses métamorphoses dans l'œuvre de Théodore de Banville,* Champion Slatkine, 1993.
- Baudelaire (Charles), « Théodore de Banville », *in Réflexions sur quelques-uns de mes contemporains*; *Œuvres complètes,* Robert Laffont, coll. Bouquins, 1980, pp. 528-532.
- Charpentier (John), *Théodore de Banville, l'homme et son œuvre,* Perrin, 1925.
- Sabatier (Robert), « Banville le funambule », *in Histoire de la poésie française,* XIXe siècle, volume V, tome II, Albin Michel, 1976.

Mille et une nuits propose des chefs-d'œuvre pour le temps d'une attente, d'un voyage, d'une insomnie…

La Petite Collection (extrait du catalogue) 365. Frédéric H. FAJARDIE, *Mélodie Bleu nuit.* 366. Gustave FLAUBERT, *Novembre.* 367. Remy de GOURMONT, *Le Joujou patriotisme.* 368. Lorette NOBÉCOURT, *L'Équarrissage.* 369. Bram STOKER, *Le Géant invisible.* 370. Charles FOURIER, *Tableau analytique du cocuage.* 371. SÉNÈQUE, *Lettres à Lucilius.* 372. Karl MARX/Friedrich ENGELS, *Du colonialisme en Asie.* 373. Paul LAFARGUE, *La Légende de Victor Hugo.* 374. Claude FARRÈRE, *Fumée d'opium.* 375. Honoré de BALZAC, *Traité de la vie élégante.* 376. Émile DURKHEIM, *L'individualisme et les intellectuels.* 377. Khalil GIBRAN, *Rires et larmes.* 378. NOVALIS, *Hymnes à la nuit.* 379. OULIPO, *Abrégé de littérature potentielle.* 380. Alphonse DAUDET, *La Doulou (La Douleur).* 381. ARISTOTE, *Livre* Alpha *de la* Métaphysique. 382. Roland DUBILLARD, *Irma, la poire, le pneu...* 383. Alexandre DUMAS, *François Picaud.* 384. Élizabeth HERRGOTT, *Mionne ou la Dixième Muse.* 385. Franz KAFKA, *Le Terrier.* 386. COLETTE, *La Chambre éclairée.* 387. CICÉRON, *La Philosophie d'Épicure.* 388. CONDORCET, *Mémoire sur l'instruction publique.* 389. Eugène DELACROIX, *Anthologie du Journal.* 390. Vivant DENON, *Point de lendemain.* 391. Jean de LÉRY, *Les Indiens du Brésil.* 392. Guy de MAUPASSANT, *La Chevelure et autres histoires de fous.* 393. Michel de MONTAIGNE, *De l'institution des enfants.* 394. PLATON, *Charmide.* 395. Paul SCARRON, *La Précaution inutile.* 396. Jean-Jacques ROUSSEAU, *Lettres morales.* 397. ALAIN, *Propos impertinents (1906-1911).* 398. Jeremy BENTHAM, *Panoptique.* 399. Gustave FLAUBERT, *Cinq Lettres d'Égypte.* 400. Frédéric ROUX, *Fils de Sultan.* 401. SÉNÈQUE, *Consolation à Helvia, ma mère.* 402. Jacques CAZOTTE, *Le Diable amoureux.* 403. Alphonse Allais, *Alphonse Allais de la mer.* 404. Théodore de Banville, *Le Génie des Parisiennes.* 405. Frédéric H. FAJARDIE, *L'Homme de Berlin.* 406. Joseph Sheridan LE FANU, *Comment ma cousine a été assassinée.* 407. Jean LORRAIN, *Contes d'un buveur d'éther.*

Pour chaque titre, le texte intégral, une postface, la vie de l'auteur et une bibliographie.

49.4807.01.1
N° d'édition : 30300
Achevé d'imprimer en septembre 2002,
sur papier Ensoclassique par G. Canale & C. SpA (Turin, Italie).